LA LOÏE FULLER

LOÏE FULLER

ROGER MARX

PIERRE ROCHE

THÉATRE MUNICIPAL DU CHATELET

Grande Saison de Paris

du 7 au 20 MAI 1914

LUNDI 7 MAI, à 9 heures

GRANDE SOIRÉE DE GALA

LOÏE FULLER

ET SON
ÉCOLE DE DANSE

CRÉATIONS

Le Feu d'Artifice.	Igor STRAWINSKY
Prométhée ou Le Poème du Feu	SCRIABINE
Pastorale	Gabriel FAURÉ
La Forêt Hantée	Mac DOWELL
Serpents.	Fl. SCHMITT
Deux Préludes	Armande de POLIGNAC
Le Songe d'une Nuit d'Été.	MENDELSSOHN

RÉPERTOIRE

Nocturnes	Cl. DEBUSSY
Les Mille et Une Nuits	Armande de POLIGNAC
(Dirigé par l'Auteur)	
Children's Corner	Cl. DEBUSSY
Une Nuit sur le Mont Chauve.	MOUSSORGSKY
Peer Gynt	GRIEG

Orchestre et Chœurs des Concerts Colonne
Sous la direction de M. GABRIEL PIERNÉ

LOÏE FULLER

Il a été tiré de cet ouvrage
cent trente exemplaires.

Exemplaire N° 63

Monsieur Eugène LE SENNE

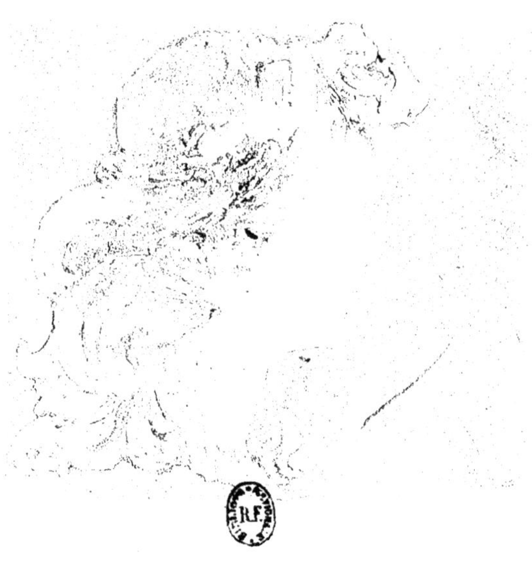

Roger Marx

LA
LOÏE
FULLER

Estampes modelées
de

Pierre Roche

De la danse, telle que l'antiquité l'a comprise, rien ne s'était transmis jusqu'à nous. Pour en concevoir quelque idée, le recours aux monuments figurés était nécessaire, et quelle image pouvaient offrir les marbres, les terres cuites, les vases, les pierres gravées, sinon une représentation figée, morte? mais du nouveau monde une artiste surgit qui ressuscite le spectacle dont se récréa, tant de siècles durant, le paganisme; par elle l'orchestique des anciens Hellènes nous est rendue. Un prodige vraiment, cette renaissance inopinée d'un art expressif et humain, qui relève autant de la mimétique que de la chorégraphie, où chaque mouvement devient signe et verbe! Loin de se restreindre au formulaire étroit de la danse moderne, sa variété n'a d'autres limites que celles-mêmes de la réalité et de la vie dont il dérive; toute latitude est laissée d'évoluer selon l'instinct, à la seule condition d'observer les lois de la cadence; libre au choreute d'utiliser le geste familier, à la ballerine de ponctuer la grâce des pas et des voltes par le rythme de son vêtement éployé — voile, tunique ou manteau. Ainsi fera Loïe Fuller en qui

semble s'être réincarnée l'âme antique ; mais, glorieuse d'avoir retrouvé, par une intuition géniale, le secret du passé, elle veut ajouter à sa découverte, la rénover au moyen d'acquisitions personnelles ; elle entend colorer cette statuaire animée dont ses danses suggèrent à tout instant l'illusion.

Un même culte de la nature, fervent et passionné, détermine l'accord entre le geste et les feux nuancés à la lueur desquels il se magnifie. Point de création dont le thème ne s'emprunte aux règnes et aux éléments, aux états de l'atmosphère, au cours des astres, aux phases de l'année. Ainsi se justifient les apparences de météore, d'oiseau, d'insecte, souvent revêtues ; par là s'explique la réalisation inespérée de ces « filles-fleurs » qu'avait rêvées déjà le génie d'un Walter Crane ou d'un Richard Wagner. Sous la magie de l'art se reconnaissent, transfigurés pour notre joie, maints spectacles coutumiers : la furie de l'ouragan déchaîné, un courant qui s'épanche et bouillonne, une flamme qui s'élève et monte dans la nue. Le regard se divertit au jeu des plus diverses lumières : les rais du soleil scintillent et se disséminent en poussière de diamant ou bien se diaprent comme au travers d'un vitrail ; avec les agonies empourprées des crépuscules contrastent les tendres caresses du jour levant ; aux bigarrures de l'arc-en-ciel succèdent les pâleurs argentées des clartés lunaires ; et pour dire l'allégresse ou la mélancolie des saisons, ce seront des fictions, mi-mensongères, mi-réelles, une pluie de fleurs, le tournoiement des feuilles roussies chassées par l'aigre bise, enfin la lente tombée des flocons ensevelissant l'être et le monde sous la blancheur d'un linceul de neige.

Vient-on à s'enquérir de la carrière parcourue et à se remémorer l'existence de Loïe Fuller, tout y est simple et merveilleux ainsi que dans un conte du vieux temps. Les commencements présagent si peu le lustre d'un universel renom, qu'une volonté supérieure paraît avoir appelé l'artiste

à l'exécution d'un dessein imprévu. Elle débute
tout enfant au théâtre et depuis ne quitte plus la
scène. On la rencontre à travers les Amériques,
aimée pour le tour de son esprit, l'agrément de sa
diction, l'ingénuité de son sourire ; plus tard, la
comédienne a travaillé sa voix et l'emploi de chan-
teuse lui est dévolu. Dans un opéra-comique, à
l'improviste, elle se risque à danser, et bientôt
les destins s'accomplissent, la fabuleuse aventure
arrive qui doit révéler Loïe Fuller à elle-même.

N'était la poétique légende par où la tradition explique les origines
du chapiteau à feuilles d'acanthe, on ne saurait imaginer création
pareillement due au caprice d'une providentielle fortune. Des Indes une
gaze pailletée est venue, si légère et si fine que le matin, au lever,
Loïe Fuller cède au désir d'en juger l'effet; elle s'enveloppe dans la
souple étoffe qui s'applique contre le corps dévêtu, épouse les formes,
modèle le galbe, silhouette les contours. Longuement son image, que le
miroir réfléchit, l'étonne et la retient ; Loïe Fuller marche, se penche,
et virevolte; l'air fait frissonner en plis les vastes manches dont ses bras
sont chargés, tandis que le soleil, dardant sur le tissu ses rayons, opalise
le chatoiement des reflets soyeux et prête aux lamelles de métal l'éclat
des pierreries. Or, la projection d'une vive lumière sur une draperie aux
ondes harmonieusement agitées, tel est le principe essentiel des danses
néo-grecques. Loïe Fuller se plaît à certifier qu'elles doivent tout au hasard,
jusqu'aux perfectionnements dont l'invention primitive s'est enrichie et qui
l'ont conduite au degré de beauté où elle atteint aujourd'hui. N'attribuons
à ces contingences heureuses que le simple éveil de la vocation. Une
fois consciente, elle devait permettre à Loïe Fuller de renouer avec les

Ménades du Thiase de Dionysios et avec les danseuses sublimes qui inspirèrent à Paeonios sa Victoire, aux coroplastes de Tanagra leurs figurines, aux peintres le décor des céramiques précieuses et l'illustration murale des villas pompéiennes.

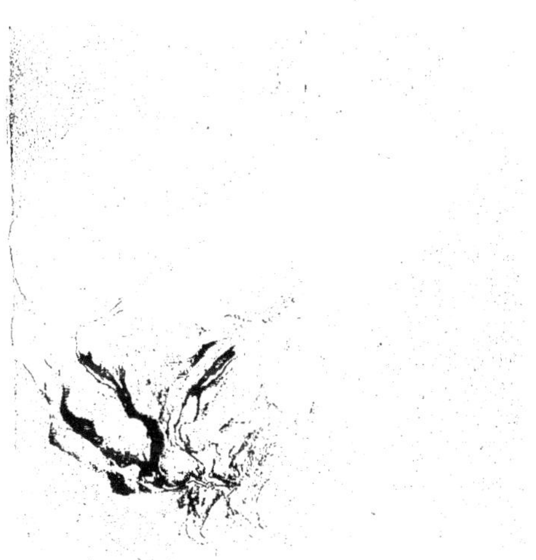

Le temps qui vit Loïe Fuller chercher à Paris la consécration de sa gloire était cet hiver de l'an dix-huit cent quatre-vingt-douze, pendant lequel le goût français attestait sa lassitude pour les libertés de la chorégraphie fin de siècle et pour l'exotisme des girations musulmanes, invariables comme les mélopées qui les provoquent. En vain se serait-on pris à espérer des théâtres d'État l'exemple des initiatives et des renouvellements ; la science du ballet y végète, assujettie à des règles, elles aussi, fixes et caduques. Par bonheur, l'atticisme affiné de Loïe Fuller allait apporter la diversion utile à tant de redites et d'extravagances...

Mettez à part quelques flexions du buste en arrière, une imitation passagère et assez lointaine du mutin trépignement andalou, plus de déhanchements, plus de contorsions, plus de cambrures ni de mouvements circulaires du bassin; de même c'en est fait des pointes, des jetés-battus, des entrechats et de ces exercices de gymnastique dislocante par où se traduisent uniformément, à l'Opéra, tous les sentiments et les plus dissemblables émois. Nos ballerines s'ingénient à se dévêtir de leur mieux; ici, au contraire, le visage seul émerge d'une longue blouse qui marque à peine la taille et touche au sol; l'animation et l'envol des plis flottants fournissent à Loïe Fuller le texte et les variations de son art. Peu importent les dispositions de ses robes magiques et leur très relatif symbolisme! Que les bords s'enguirlandent de ruches et de roses, que les pans s'armorient de serpents tortueux aux écailles d'argent, ou bien encore qu'ils se constellent de papillons déployant le miroir de leurs ailes ocellées, le détail est secondaire, à n'en point douter. Mieux vaut mettre quelque ordre dans les souvenirs, évoquer la salle plongée dans la nuit, puis les portants et la scène recouverts de draperies noires, mortuaires. Soudain, après les accents d'un court prélude, l'apparition s'échappe des ténèbres; elle naît à la vie sous la projection de la lumière électrique; elle se détache sur le fond de deuil, abandonne la blancheur cristalline du diamant pour parcourir la gamme des couleurs et emprunter les éclats fulgurants des pierres précieuses. Ainsi s'étaient teintées de nuances changeantes les fontaines dans les parterres du Champ-de-Mars, lors de l'Exposition du Centenaire, en dix-huit cent quatre-vingt-neuf; mais cette fois, au lieu du jet qui fuse, s'empanache et retombe épars, en cascades régulières et prévues, c'est l'être humain, c'est le geste féminin, tout de charme et de grâce, qui se diversifie et se diapre à l'infini. L'exquis fantôme se montre, s'esquive et reparaît; il se promène dans les ondes polychromes des effluves électriques; il effleure le sol avec la légèreté de la libellule, sautille, se pose à peine comme un pinson, glisse, en secouant ses ailes tremblantes, à la façon d'une chauve-souris. La musique s'attarde aux langueurs de l'adagio, se complaît aux gravités du mode mineur, et Loïe Fuller de décrire un cercle, portée, croirait-on, sur la roue de l'antique Fortune, puis d'ouvrir les bras en croix, de fendre l'espace et d'offrir ses voiles tendus au vent qui les gonfle, — telle l' « enchanteresse » qu'apostropha Charles Baudelaire dans un inoubliable poème :

Quand tu vas, balayant l'air de ta jupe large,
Tu fais l'effet d'un beau vaisseau qui prend le large
    Chargé de voile et va roulant
Suivant un rythme doux et paresseux et lent.

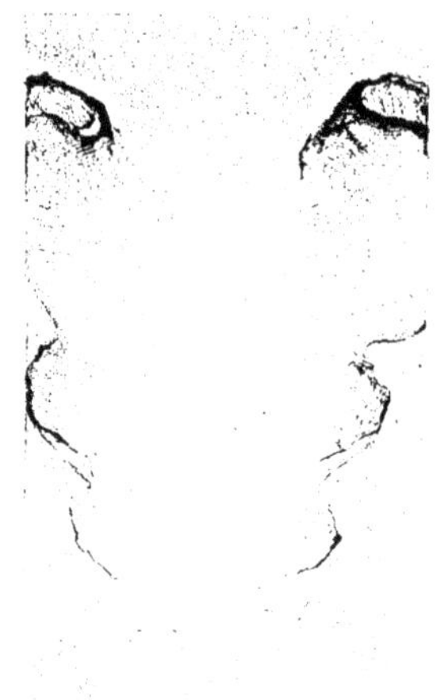

Sur le côté du théâtre un foyer caché épand le faisceau de ses rayons et frange de pourpre les bords du manteau que Loïe Fuller projette à la rencontre des lueurs sinistres avec des oscillations de pendule et des balancements d'encensoir cherchant la nue; sous le coup de l'épouvante, ses genoux fléchissent; on suit, à travers l'égarement des fuites et l'audace des retours, les fluctuations d'une volonté à la dérive; effarée ou défiante, la crainte l'éloigne et la fascination la ramène, toujours accroupie, vers le brasier ardent jusqu'à ce qu'Agni dominateur l'oblige à reculer sans merci, accablée et vaincue par les clartés aveuglantes... Maintenant un genou à terre, l'autre jambe tendue et à demi découverte, le torse renversé, horizontal, la chevelure frôlant le sol, elle communique aux draperies le flux et le reflux de la mer, le mouvement de la lame qui déferle.

Un énergique effort redresse Loïe Fuller, un autre lentement l'entourne; elle pivote sur place et sa jupe se tuyaute, se godronne comme celle des derviches de Scutari. Voici la danseuse au milieu de la scène, qui, les bras allongés encore par des bâtonnets, balance ses amples manches et leur fait arrondir des cercles, dessiner des S parallèles et immenses; la voici élevant le tissu au-dessus de ses épaules, le hérissant en colonnes, le tordant en spirales, l'enroulant en volutes, lui donnant l'aspect d'eaux agitées, de vagues qui s'élèvent, s'enflent, se creusent, et tournoient furieuses sous la rafale d'un invisible cyclone. Durant que le rythme s'accélère, que la cadence se précipite et que la mignonne créature disparaît parmi les tourbillons qui l'encadrent et l'auréolent, plus vite les tons alternent et se croisent, les tons de vermeil et de feuillage, d'azur et de sang; plus vite ils se dégradent, se mêlent, se marient : la topaze au lapis, l'émeraude à l'améthyste, le rubis au saphir, la pierre de lune à l'aigue-marine. L'étoffe, vertigineusement bouillonnante, s'empreint de toutes les irisations, s'arc-en-ciélise de toutes les nuances du prisme décomposé et la vision n'est jamais si coruscante, si féerique, si emportée, qu'à l'instant où elle va s'évanouir, s'abîmer dans le néant et refaire place aux ténèbres.

Nul n'a perdu le souvenir des œuvres glorieuses qu'inspira naguère l'héroïque décollation de saint Jean-Baptiste. Le conte de Gustave Flaubert est tenu pour classique aujourd'hui ; l'estampe a, de son côté, répandu

cette féerique Salomé inventée par Gustave Moreau, et que J.-K. Huysmans a faite sienne dans A Rebours. Pour le drame lui-même, si la tentation vient d'en évoquer les péripéties, on les trouvera retracées avec une touchante simplicité dans La Légende dorée de Jacques de Voragine : « Hérode, voyant
« que le peuple suivait saint Jean-Baptiste,
« le fit mettre en prison, et il avait le projet
« de le faire mourir, mais il craignait le
« peuple. Hérodiade voulant ainsi qu'Hérode
« la mort du saint, ils convinrent entre eux
« que, le jour de l'anniversaire de sa nais-
« sance, Hérode donnerait une fête à tous les
« seigneurs de la Galilée, et qu'il ferait
« serment d'accorder à la fille d'Hérodiade,
« qui viendrait danser devant lui, ce qu'elle

« lui demanderait, et qu'elle demanderait la tête de saint Jean; alors,
« qu'Hérode feindrait d'éprouver bien du regret, mais qu'il ne pourrait
« violer son serment. La chose se passa comme elle avait été convenue... »

De ce texte, auquel se sont référés l'écrivain et le peintre, Loïe Fuller
n'a tenu qu'un compte lointain. Pourtant, à part Salomé, les autres person-
nages du ballet ne sortent pas de l'emploi que la tradition leur a départi :
nous retrouvons à la scène, comme dans le livre et sur l'aquarelle, Hérode
las, irrésolu, palpitant de convoitise; Hérodiade incertaine de son pouvoir,
inquiète, assoiffée de vengeance; saint Jean-Baptiste, pasteur d'âmes,
attendri et si entraînant que dès son approche, Salomé est sous le charme;
car un miracle de la foi substitue à la Salomé légendaire, ivre de sang et
de volupté, une Salomé mystique, chaste presque. C'est pour saint Jean-
Baptiste qu'elle danse; c'est sa protection qu'elle implore contre le désir
avide du tétrarque; et quand Hérode, affolé par l'impatience, ordonne
la décollation, alors seulement Salomé cède, se sacrifie, s'offre en échange
de la grâce; mais déjà l'irréparable a été commis; triomphalement, le
bourreau tend le chef ensanglanté que nimbe l'auréole du martyre, et au
spectacle de l'apparition terrifiante Salomé s'abat foudroyée.

A ceux qui ignoraient son passé de comédienne, Loïe Fuller se
révéla en l'occurrence mime sans seconde, au geste plein d'autorité, au
masque mobile d'une puissance d'expression souveraine; sur son visage,
tour à tour joie, pitié, colère, effroi, angoisse, se reflétaient avec une énergie
saisissante. Quel épisode d'une beauté de mouvements et de lignes admira-
blement houleuse que celui où Salomé résiste à la violence d'Hérode! Entre
les bras qui l'enserrent et l'étreignent, elle se débat, elle flotte, elle coule,
elle s'échappe. A l'agitation furieuse de la lutte s'opposent les attitudes de
calme et de songerie, les poses doucement infléchies de prière et d'adoration.
Rappelez-vous les gestes courts, d'une naïveté si amusante, qui traduisent
l'émerveillement de Salomé devant les coffrets emplis de joyaux, et, à la

17

regarder ravie, extasiée, parmi les fleurs, n'eût-on pas dit d'elle une
enfant, tant sa grâce se parait d'exquise juvénilité?

Tout d'abord, dans la danse exécutée au commandement d'Hérode,
Loïe Fuller est vêtue d'une gaze orangée; un voile de la même étoffe
dérobe au regard sa poitrine, son visage, et elle en joue ravissamment;
elle le lance et le fait zigzaguer, avec la rapidité de l'éclair, parmi les
rais des phares électriques; elle s'agenouille, en forme un arc sous lequel
elle glisse furtive, s'enchâssant dans le fin tissu comme une idole. L'instant
d'après la voit reparaître en robe noire étoilée d'acier, et, séductrice,
peut-être à son insu elle éveille, elle attise la passion d'Hérode. Avec
une coquetterie satanique, elle agite des écharpes lamées qui scintillent
aux lueurs infernales des foyers souterrains. Une fois que le dessein
fatal lui est connu, ce ne sont plus des bonds gracieux, mais de grands
mouvements saccadés, menaçants, des appels aux divinités vengeresses;
atterrée par la cruauté d'Hérode et tragiquement belle, Salomé répète alors
suppliante la danse qui a séduit le tétrarque et par où elle espère acheter
le salut du martyr. Non, jamais détresse ne se signifia de façon plus
pathétique, plus poignante, que par ces quelques pas esquissés vaguement
en chancelant, dans la défaillance d'une agonie.

Paris, de qui Loïe Fuller sollicitait l'octroi de la célébrité, Paris
impérieusement conquis ne différa point à faire sienne la rénovatrice de
la danse moderne. Des années coulèrent avant qu'elle pût reprendre sa
route et goûter, sous d'autres cieux, l'acclamation enthousiaste des foules
médusées. L'histoire du théâtre n'a guère enregistré d'expéditions plus
triomphales, ni de nom devenu à ce point populaire, de l'Orient à
l'Occident, sans distinction de pays et de race. L'orgueil d'asservir à
l'admiration des contrées lointaines, barbares presque, n'empêcha point
Paris de demeurer une seconde patrie et
l'arbitre souverain des recherches d'un cer-
veau en incessant travail. A l'improviste,
Loïe Fuller revenait, offrant la révélation
de ses découvertes récentes, ici et là, aux
Folies-Bergère, à l'Athénée, à l'Olympia,
au Casino, à Marigny, sauf lors de l'Exposition dernière, où, entourée de tragédiens
de son rang, dans un coquet théâtre édifié et
dirigé à sa guise, elle jeta en défi à la bana-
lité ambiante le paradoxe de spectacles d'un
inoubliable caractère.

Sur toutes les scènes on la retrouvait, pareille et dissemblable, en quête
de progrès, habile à d'originales inventions qui dépistaient le plagiat :
un jeu de glaces vint multiplier son
geste et susciter le mirage d'un chœur
de ballerines ; du haut des frises tombèrent des rideaux de tulle derrière
lesquels la danseuse évoluait, enveloppée de nuages et à peine distincte
à travers les vapeurs d'un pays de
brume ; plus tard la projection ininterrompue de panoramas célestes,
océaniques ou terrestres, permit de

préciser la signification de ses danses et de les situer par l'entour d'un
cadre approprié, à chaque seconde variable. Des attractions aussi
compliquées et qui requièrent l'accord de volontés éparses, ne se réalisent
pas sans le lent labeur d'une initiation préalable ; de là, des essais sans
nombre d'un passionnant intérêt, des créations inédites, souvent géniales,
demeurées à l'état d'ébauche et assiégeant le souvenir avec l'insistance
d'un rêve commencé qui jamais ne se réalise ni ne s'achève ; de là,
des répétitions de jour et de nuit, au cours desquelles l'artiste, assumant la lourde tâche de l'ingénieur, s'obligeait à discipliner des machinistes, des électriciens, obtenait et réglait la coïncidence des efforts afin
que, dans une succession prévue, mouvements, lignes, couleurs, simultanément se répondent. Et cependant, n'en déplaise à l'héroïne de tant de
luttes et de peines, malgré les ressources inouïes d'une imagination
américaine, fertile à miracle, Loïe Fuller ne subjugue jamais avec plus
d'autorité que lorsqu'elle répudie l'artifice des décors interposés et reste

simplement parallèle à la nature, — comme il advint dans les danses du feu et du lys, par exemple.

De nouveau la pensée refluait vers les âges qui connurent les rites des Aryas, les immolations à Moloch, le culte mystérieux des Telchines et des Cabires ; elle s'attardait encore aux légendes dont s'enchantèrent les premiers Hellènes : Prométhée ravisseur de l'étincelle divine, Zeus et Aphrodite châtiant à plaisir la présomption de Phaéton ou la curiosité de Psyché. Un mythe, renouvelé de l'antique, célébrait les représailles du feu et ses ravages en expiation de l'immanente témérité. La loi de la destinée s'y vérifiait de manière à dérouler l'enchaînement des défaillances fatales : l'angoisse causée par l'élément-fléau, et, une fois le premier effroi dissipé, la séduction funeste, la voluptueuse jouissance des ignitions et des incandescences. A en subir impunément le charme, l'audace s'accroît et, d'approche en approche, le contact s'établit : aussitôt la vengeance d'éclater, l'incendie de rougeoyer, le désastre de commencer ; victime et proie, la moderne Pandore s'embrase et se consume ; du vivant foyer jaillit, erre et voltige la pourpre déchiquetée des flammes ondulantes ; agiles, furieuses, elles tendent la pique de leurs langues, tordent leurs banderoles ardentes, puis vacillent, baissent, pour mourir tout à coup, comme s'éteint un volcan, comme tombe une étoile, avec la soudaineté d'un cataclysme qui répandrait sur la terre dévastée la désolation d'une nuit éternelle.

A la satanique vision de géhenne succède l'enchantement d'une rassérénante Tempé où, par un phénomène de mimétisme merveilleux, et selon la fiction chère à Grandville, la flore s'anime et s'humanise. Ce n'est pas que Loïe Fuller emprunte incontinent, au lever du rideau, les dehors de la plante ; dans sa blancheur immaculée, sur le piédestal qui

la hausse et démesurément l'agrandit, elle semble plutôt quelque archange,
lorsqu'un lent geste d'essor disjoint et éploie la voilure de ses larges
ailes; mais, dès que l'élan plus rapide vrille et ourle la gaze soulevée,
l'aspect se mue, et l'arabesque des lignes simule, parmi l'évasement

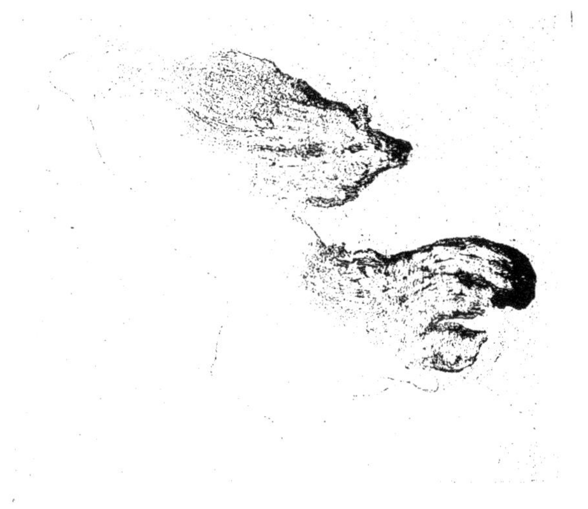

d'une corolle, un lys gigantesque; autour du pistil que figure le corps
même de la danseuse, les pétales ouverts, gravitent, s'érigent et com-
posent un mouvant calice; l'identification se prolonge, favorisée par mille
épanouissements et mille contractions, et inlassablement le regard se
délecte aux caprices de cette végétation fantastique et passionnelle, qui
juxtapose, dans un symbole unique, l'être et la nature, qui illumine du
sourire de la femme la chair fragile des fleurs.

Ajouter à la création, susciter des émotions rapides et intenses, n'était-ce pas exaucer pleinement le vœu d'une génération ardente à convoiter le « frisson nouveau », et faut-il s'étonner que la dévotion de l'élite se soit empressée vers la dispensatrice des joies salutaires ? Nul tribut d'hommage n'a manqué à Loïe Fuller, ni le chant des hymnes, ni les commentaires érudits de la critique, ni l'émulation de maîtres jaloux de fixer l'image entrevue parmi la vapeur des nuées éblouissantes. Ce ne serait pas trop d'une bibliothèque et d'un musée pour réunir et garder à la postérité les transcriptions auxquelles se complurent les arts des deux mondes ; mais, quand il s'agit d'aussi purs spectacles, le lustre d'une apothéose ne saurait constituer une fin suffisante : le philosophe voulut reconnaître en eux un emblème des forces de la nature, une allégorie de la métempsychose de Platon, du transformisme de Darwin ; ce fut encore leur privilège de ramener la curiosité du savant vers l'étude des lois communes à l'émission des ondes lumineuses et sonores.

En dehors du domaine strictement spéculatif, il appartint aux vibrations et aux irradiations artificielles de surexciter la sensibilité optique déjà affinée par l'analyse des ambiances diurnes où avait conduit l'impressionnisme ; la technique des peintres s'efforça de rendre les éclats, les heurts, la fusion des tons qui s'exaltaient et s'exaspéraient, comme dans certains vases flambés, par la seule vertu du rapprochement et du contraste. Des problèmes de statique imprévus sollicitèrent le sculpteur en même temps qu'un admirable répertoire de mouvements inobservés s'ouvrit à sa méditation. Que d'enseignements allaient encore lui fournir le jet et les plis des draperies volantes ! En participant des évolutions du corps et en prolongeant le geste, elles invitaient à la découverte des liens entre le vêtement et l'armature ; elles provoquaient l'ambition d'effigies dans lesquelles toutes les parties, animées d'une seule et même vie, conféreraient à l'ensemble une expressive harmonie. Il n'est pas jusqu'à

l'ornemaniste, en mal d'un style futur, qui n'ait puisé ici le texte de
thèmes décoratifs inédits, tant il est vrai qu'à tous les animateurs de la
matière, à tous les poètes de la ligne, de la forme et de la couleur
s'étendit le profit des suggestions bienfaisantes.

Pour relever de sa déchéance un art profané et lui rendre sa
noblesse, Loïe Fuller était remontée au printemps même de l'humanité.
Les livres des anciens attestent à quel degré l'évocation fut intégrale,
car ce sont bien les danses d'aujourd'hui qu'ils décrivent. L'expression
d'air tissu — ventus textilis — si joliment imaginée par Pétrone rend
en perfection le soulèvement des étoffes ballonnées, et Pline le naturaliste
ne définit-il pas, par avance, la diversité des éclairages lorsqu'il signale,
à propos des verres murrhins « que leur aspect est celui d'une lueur
et que les tonalités présentent des reflets comparables à ceux de l'arc
céleste ».

Si singulières soient-elles, ces rencontres ne méritent de retenir que
dans la mesure où elles confirment une parité de conception vraiment saisissante. D'autres, à travers les siècles, purent se soucier de ressusciter
les grâces familières à l'Hellade; je songe à cette Anglaise dont Gœthe
nous entretient dans son Voyage en Italie et qui procurait au chevalier
Hamilton « l'illusion de tous les antiques »; ma pensée va aussi à la cho-
ryphée que le meilleur historien de l'orchestique dressa à décomposer les
pas et les temps de la danse grecque; je n'aurai garde non plus d'omettre,
tout près de nous, une disciple avisée de Loïe Fuller, habile à prouver
une volonté de compréhension et d'expression certaine; mais il en va de ces
tentatives comme des reconstitutions laborieusement préméditées; on y sent
trop l'effort et les acquisitions de l'archéologie. Chez Loïe Fuller, au contraire, rien que de spontané, de souple, de facile; si elle rejoint le passé,
c'est en vertu d'une impulsion généreuse de l'instinct; les parallèles, en

rehaussant sa gloire, désignent en elle l'« inspirée » des premiers âges qu'un égarement du sort jeta, dépaysée, parmi notre civilisation vieillie. A moins que sa divination ne soit uniment l'intelligence souveraine de la beauté ; et telle paraît, en vérité, l'énigme de son génie. Ses dons insignes de mime, de ballerine ne s'exaltent si magnifiquement que parce qu'ils se subordonnent aux indications du sens esthétique le mieux averti. Grâce à elle, la danse est redevenue la « poésie sans parole » de Simonide ou bien encore l'art digne, selon Lamennais, « de lier la musique à la statuaire et à la peinture ». Par-dessus tout on est reconnaissant à Loïe Fuller d'avoir réalisé le spectacle idéal que rêva quelque jour notre cher Stéphane Mallarmé : un spectacle muet, qui échappe aux définitions de l'espace comme du temps, et dont le prestige, impérieux pour tous, ravit les plus fiers et les plus humbles dans une commune extase.

« Achevé d'imprimer
sous la Présidence d'Eug. Rodrigues
à Evreux
par Charles Hérissey
le 22 janvier 1904
sous la Direction de Gautherin
Les figures tirées
sur les Presses de Maire. »

Ce livre est la première application
du caractère Auriol Italique, gravé
et fondu par G. Peignot et Fils.

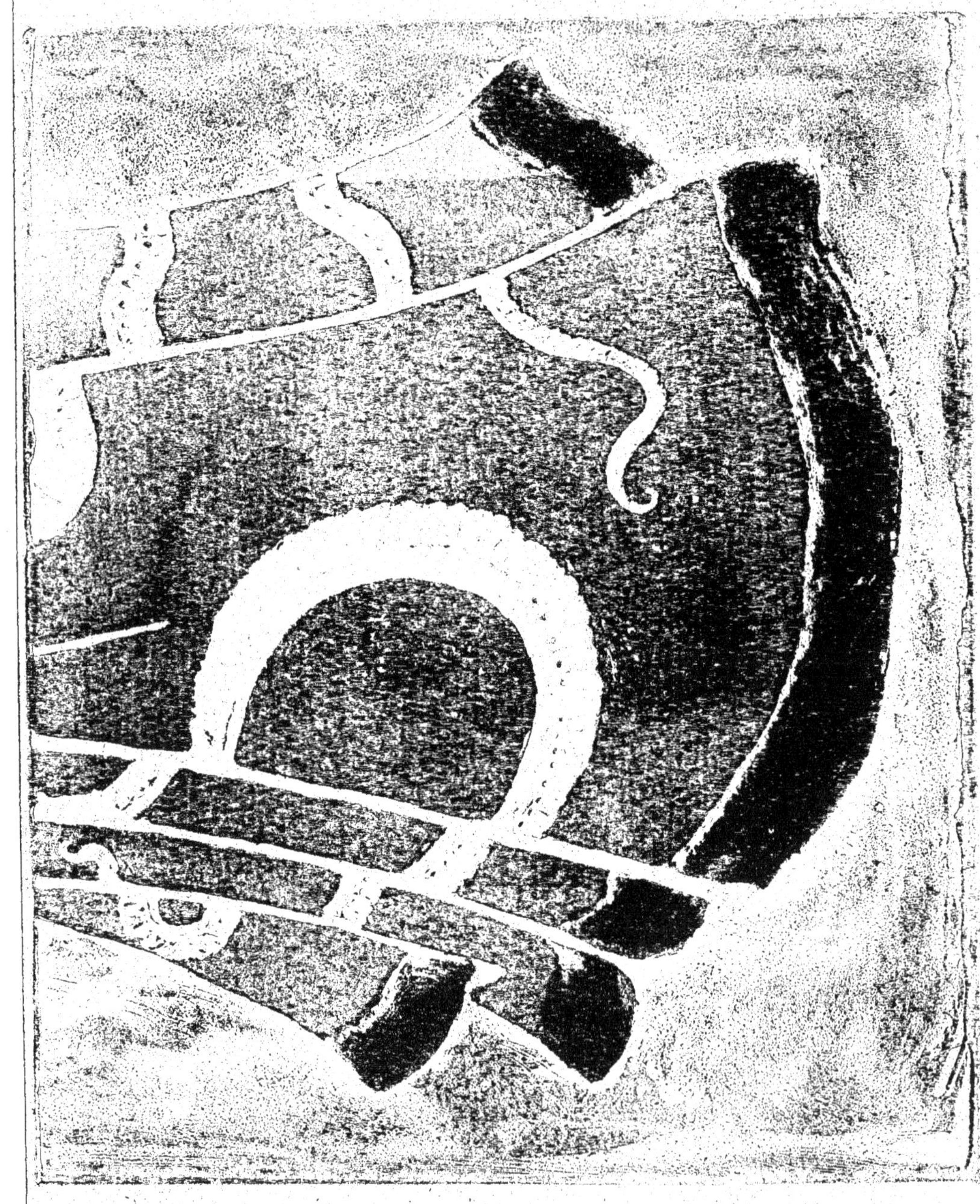

www.ingramcontent.com/pod-product-compliance
Ingram Content Group UK Ltd.
Pitfield, Milton Keynes, MK11 3LW, UK
UKHW022330170726
13837UKWH00005BA/2202